PAULO AMAZONAS

O MILAGRE DO PRIMEIRO **NEGÓCIO**

Crie a sua primeira empresa do zero

ubook ubk
Publishing House

ubook ubk
Publishing House

COORDENAÇÃO	Alessandra Brito
EDIÇÃO	Juliana Oliveira
COPIDESQUE	Iuri Pavan
REVISÃO	Douglas Santos e Eduarda Rimi
PROJETO GRÁFICO	Bruno Santos
CAPA	Bookallbook
IMAGEM	theevening | adobestock.com

Dados Internacionais de Catalogação na Publicação (CIP)
(Câmara Brasileira do Livro, SP, Brasil)

Amazonas, Paulo
O milagre do primeiro negócio : crie a sua primeira empresa do zero / Paulo Amazonas. -- 1. ed. -- Rio de Janeiro : Ubook Editora, 2021.

ISBN 978-65-5875-125-0

1. Administração de empresa 2. Empreendedorismo 3. Empresas - Administração 4. Empresas novas 5. Novos negócios - Empresas I. Título.

21-60279 CDD-658.11

Ubook Editora S.A
Av. das Américas, 500, Bloco 12, Salas 303/304,
Barra da Tijuca, Rio de Janeiro/RJ.
Cep.: 22.640-100
Tel.: (21) 3570-8150

Sumário

AGRADECIMENTOS

Primeiramente, gostaria de agradecer ao Nosso Senhor, Jesus Cristo, pelas bênçãos que tenho recebido em todas as áreas de minha vida, junto com as pessoas que tanto amo.

Sou grato em especial ao meu querido pai, Santino, por todos os ensinamentos até meus 18 anos de vida. Hoje, mais de 30 anos depois, está claro o quanto ele se empenhou na construção de meu caráter, para me transformar no homem que sou atualmente. Não posso esquecer de minha querida mãe, Ana Lúcia, que me deu o bem mais precioso deste mundo: a vida. Sem você, mãe, eu não estaria aqui. E do meu "paidrasto", José da Cunha.

Agradeço também à minha linda esposa, Viviane, que é minha base, a mulher que Deus me deu e que tanto me completa. Eu te amo e posso dizer, sem medo de errar, que não chegaria até aqui sem você, meu amor. Obrigado por tudo, mas principalmente pela família linda que você me deu. À minha sogra, Zila, que me presenteou com minha linda esposa.

Obrigado aos meus filhos: Douglas, que é membro da maior força militar dos Estados Unidos; Thaís, que é engenheira e faz seu doutorado

no Canadá; Alexandre, universitário, que é meu braço direito em nossos negócios; e Nicholas, que está estudando para ser pastor e já lidera jovens cristãos nos EUA. Nossa, que orgulho!

Um especial agradecimento, de todo o coração, à minha linda irmã Luciana, que sempre procura me agradar de todas as formas. Digo o mesmo à minha querida irmã Janaína, sempre com palavras positivas, ao meu cunhado John e aos meus sobrinhos Christopher, Sophia e Olivia.

Não posso deixar de agradecer à minha linda nora, Ana Clara Alcantara.

Também quero expressar minha gratidão a todos os meus grandes amigos, que também fazem parte desta obra, por me inspirarem a cada dia na busca do sucesso: em especial, Mauro Jacob, Severino Silva, Ruy Vasques, Alexandre Nogueira, Josemar Fernandes, entre outros.

Por último, mas não menos importante, aos meus sócios, Armando Mattoso Millem, na Global Amazon Brasil, e Cesar Pereira, na Global Amazon Manaus, pela parceria e pelo apoio ao longo do ano de 2020, ano difícil, mas repleto de grandes realizações. É apenas o começo de uma história de muito sucesso, para todos nós!

Obrigado, meu Deus!

PREFÁCIO

Grande parte dos pequenos empreendedores segue um caminho marcado por incertezas, uma vez que os desafios de um novo empreendimento são muitos — desde a elaboração do produto a ser explorado até a formatação do modelo de negócios. Os erros e os acertos são fatores determinantes tanto para a sobrevivência quanto para o sucesso de uma organização. Certos desafios tendem a ser maiores quando essa realidade é replicada pelas experiências vividas por um migrante que sai de sua terra natal para buscar o famoso sonho americano, enfrentando barreiras culturais e tendo que provar seu valor em ambientes extremamente competitivos.

A longevidade de negócios que começam assim depende de muito mais que a simples vontade de fazer ou de meramente alimentar sonhos. O conhecimento técnico acumulado durante muitos anos de trabalho e o esforço efetivo feito a cada dia são pilares que diferenciam um empreendimento de uma simples aventura. Porém, nada disso tem relevância sem outros alicerces, calcados na resiliência e na ética profissional, requisitos que constroem carreiras e relacionamentos ao longo da história de qualquer negócio. E assim se opera verdadeiramente o "milagre do primeiro negócio", que poderíamos muito bem chamar de caminhos do empreendedor, como bem comentado nesta obra.

Esse foi o caminho escolhido e percorrido por Paulo Amazonas, um profissional que tive a sorte de conhecer e que se tornou, além de um grande parceiro e prestador de serviços, um companheiro em quem eu sempre acreditei. Uma relação que só se tornou possível pela reunião de qualidades profissionais que sempre julguei relevantes. Tenho a certeza de que esse caminho está longe do fim, porque o esforço bem-sucedido de um dia ou mesmo de um ano é, rigorosamente, seguido por um novo desafio imposto pelo mercado, pelos concorrentes e até por eventos imprevisíveis, que podem alterar todos os cenários projetados e surpreender inclusive os gestores mais experientes.

Todo desafio e tempo difícil exigem soluções inteligentes e pessoas fortes, dispostas a enfrentá-los. São essas pessoas que construirão os bons tempos — a história das grandes nações é a prova mais irrefutável que temos. Não é por menos que, igualmente, sigo acreditando que Paulo Amazonas saberá como lidar com cada um dos eventuais desafios que cruzarão seu caminho, preservando suas crenças e seus valores, tão acentuados neste livro.

Dr. Mauro da Cruz Jacob
Advogado e escritor

Quantos projetos inovadores
se encontram esquecidos,
neste momento, em uma
gaveta qualquer?

INTRODUÇÃO

A ideia deste livro surgiu de minha experiência na criação de meu primeiro negócio nos Estados Unidos. Chamo-o de *O milagre do primeiro negócio* porque o que presenciei foi, de fato, um milagre. Não há outra explicação plausível para a série de acontecimentos que sucedeu minha decisão de tirar este projeto de um papel esquecido na gaveta.

Neste ponto, convido você a uma breve reflexão: quantos projetos inovadores se encontram esquecidos, neste momento, em uma gaveta qualquer? Quantos deles poderiam se tornar grandes negócios no futuro, impactando a vida de milhares de pessoas? Costumo dizer a amigos e parentes que tudo de que precisamos para concretizar os sonhos engavetados, sejam lá quais forem, é dar o primeiro passo com fé e confiar no nosso sucesso nessa caminhada. O caminho certamente será árduo e repleto de obstáculos, mas, conforme percorrido, você o verá se revelar diante de seus olhos, como um verdadeiro milagre. Sim, é preciso ter muita fé, pois não é possível enxergar o que está por vir de imediato e é nesse exato momento que a incerteza e o medo atacarão. Não há alternativa senão persistir: continue avançando e permaneça buscando a direção de Deus em suas orações — Ele lhe mostrará o caminho a ser seguido, afastando as distrações.

Espero que a leitura deste livro possa ajudá-lo nessa jornada, que, às vezes, é um tanto solitária, mas vale muito a pena, posso garantir. Se eu conseguir ajudar pelo menos uma pessoa a conquistar seu objetivo, já considero cumprida minha missão.

Você deve estar disposto
a renunciar muita coisa e
a fazer diversos sacrifícios
para que seu negócio
prospere.

1

TENHO PERFIL DE EMPRESÁRIO?

Por mais que a atividade empresarial possa proporcionar muitas realizações financeiras e pessoais, nem todos desejam pagar o preço de ser um empreendedor. Muitos preferem permanecer trabalhando para outras pessoas, sem pressão, com um salário fixo e garantido no fim do mês — é sua zona de conforto. Então, esta deve ser sua primeira reflexão: estou disposto a pagar o preço?

Para chegar à resposta, em primeiro lugar, avalie o seguinte: você gostaria de ser dono de seu próprio nariz? De não dar satisfação a ninguém sobre seus passos? De ter liberdade para trabalhar ou não quando você não estiver se sentindo bem? De tirar folga em uma segunda-feira? Você quer um horário flexível? Liberdade financeira para realizar seus desejos e os daqueles que o cercam? Você pensa em ter certo status na sociedade? A essas perguntas quase todos responderiam sim. Esse é o imaginário popular a respeito do empreendedorismo: uma vida perfeita, tranquila e fácil. Entretanto, não é bem assim que funciona, principalmente após a inauguração do negócio.

Para um empresário, não há horário fixo de trabalho, não há um salário certo no fim do mês. Até mesmo nos dias de folga e nos feriados, ocasionalmente, é necessário trabalhar. É preciso estar ligado em seu negócio quase 24 horas por dia e sete dias por semana, senão, com toda certeza, sua empresa estará fadada ao fracasso em um curto espaço de tempo. Você já ouviu o velho ditado "O olho do dono é que engorda o gado"? É exatamente assim que funciona essa vida. Você deve estar disposto a renunciar muita coisa e a fazer diversos sacrifícios para que seu negócio prospere e você atinja certa "tranquilidade".

Continua firme no propósito de ser dono de seu próprio negócio? Se sim, considere-se um empresário, por mais que ainda não tenha aberto uma empresa ou um pequeno negócio. Porque ser empresário está entranhado em seu ser, é uma mentalidade, e acredito firmemente que muitos já nascem com essa missão. A diferença é que algumas pessoas não colocam em ação esse dom, esse desejo, e, com isso, passam a vida toda trabalhando para os outros.

Você terá que trabalhar muito por bastante tempo. Para ver seu negócio prosperar, terá que vencer uma série de batalhas. Não foque somente no dinheiro, na liberdade, no status — esse é o erro de muitos que desistem nas primeiras adversidades. Pague o preço, e a recompensa será tão grande quanto sua garra: uma vida de liberdade financeira e de lazer junto das pessoas que ama.

Muitos dirão: "Prefiro o certo ao duvidoso!" Se esse pensamento já passou pela sua cabeça, talvez o empreendedorismo não seja para você. Isso não significa que você não possa desempenhar grandes papéis na sociedade, no funcionalismo público ou em grandes empresas, contribuindo para seu crescimento e para a evolução da humanidade. Imagina se todos fossem empresários! No fim das contas, todos temos uma missão de vida, e você deve cumprir a que Deus determinou para você. E não há nada de errado nisso, apenas se dedique de coração e invista toda a determinação que você tem.

Não há nada melhor que faturar com algo que você já gosta de fazer.

2

O PRIMEIRO NEGÓCIO, SEU DOM E A PAIXÃO PELO QUE SE FAZ

O título deste capítulo abrange características fundamentais para a criação de sua primeira empresa. No entanto, antes de entrarmos nesse mérito, convido-o a refletir: qual é seu dom? Qual é seu propósito de vida? O que você acredita fazer de melhor? Ou o que as pessoas costumam dizer que você sabe fazer muito bem? O que você faz que lhe traz felicidade plena?

Faço tais perguntas porque elas estão diretamente ligadas ao seu futuro e sucesso como empreendedor e, consequentemente, ao de sua empresa. Em outras palavras, seu dom é a base de seu negócio. Se você for bom no que faz, muitos terão interesse em sua habilidade e, melhor ainda, estarão dispostos a pagar por ela. Basta conquistar um pequeno grupo de pessoas (amigos e parentes, por exemplo), e não demorará para que alcance mais clientes, o que lhe conferirá chances reais de crescimento. É matemática, pura e simplesmente.

Então, comece a pensar no que você faz bem naturalmente: cozinhar, cortar cabelo, consertar, desenhar, ensinar — enfim, algo que você tenha prazer e paixão. Garanto, com segurança, que essas habilidades podem ser aperfeiçoadas e fazer de você um empresário bem-sucedido. A chave é pensar nelas como uma forma de ganhar dinheiro, muito dinheiro, e não há nada melhor que faturar com algo que você já gosta de fazer. Assim, não será um sacrifício passar fins de semana, feriados e folgas trabalhando horas a fio. Esta é uma característica de grandes empresários de sucesso, trabalhar no que gosta.

Leve a sério, portanto, os ensinamentos deste capítulo: repito, sua paixão pelo que faz e seu dom estão intimamente ligados ao seu sucesso, pois se trata de energia boa, positiva, sendo enviada para seu negócio. Isso se multiplicará a ponto de atrair mais negócios e mais pessoas, que te levarão a um nível completamente novo de êxito.

As pessoas terão interesse
no seu produto ou serviço?

3

MEU NEGÓCIO SERÁ LUCRATIVO?

Sonhar é uma coisa, lucrar é outra. Muitas pessoas têm o sonho de abrir o próprio negócio, mas nem sempre ele terá o potencial de gerar lucros bons ou suficientes para seu sustento. Talvez o trabalho não seja lucrativo ou não possa ser aperfeiçoado com o tempo, talvez se trate apenas de um hobby. Então, vale a pena essa reflexão, para não criar algo sem futuro e, ainda pior, que fará você perder um tempo valioso — e tempo não se recupera.

Sendo assim, avalie o seguinte: as pessoas terão interesse no seu produto ou serviço? Estarão dispostas a pagar por ele? Caso você não saiba essas respostas, faça uma pesquisa com amigos e parentes, tendo em vista que, muitas vezes, eles serão seus primeiros clientes. Essa avaliação da viabilidade do negócio certamente o ajudará a tomar a decisão de levá-lo ao próximo passo ou não.

Sim, é um trabalho chato, e, às vezes, a ansiedade toma conta, mas estude o mercado, busque empreendedores no mesmo ramo e veja como eles estão se saindo. Assim, você terá um feedback instantâneo e saberá se seu negócio tem chances de ser bem-sucedido e se você pode colocar imediatamente em ação seu plano, com chances reais de dar certo.

Renove-se, pois sempre
existirá alguém melhor
que você e com fome de
sucesso.

4

JÁ HÁ MUITA CONCORRÊNCIA NA ÁREA EM QUE DESEJO EMPREENDER

Não há dúvidas de que já existem muitas pessoas fazendo o que você faz ou pretende fazer como negócio, mas isso não deve impedi-lo de realizar seus sonhos e projetos. Pense desta forma: ninguém neste mundo trabalhará exatamente como você, pois Deus nos criou como seres únicos. Assim, pode haver concorrentes que fazem algo melhor ou pior que você, mas nunca igual. Até mesmo quem você imagina ser melhor não agradará a todos. Então, trabalhe da sua forma, sem imitar ninguém, pois é a sua individualidade que fará a diferença em seu negócio.

Decerto, você encontrará pessoas que preferem adquirir o que você oferece ao que seu concorrente, supostamente melhor, vende, pois elas se identificam mais com seu serviço ou produto. Na cabeça dessas pessoas, seus clientes, você é o melhor, e é por isso que eles sempre voltam. Portanto, não tenha medo de arriscar e colocar seu produto ou serviço à prova. O mundo é dos corajosos e daqueles que confiam nos propósitos de Deus em suas vidas.

Imagine, por exemplo, se Flávio Augusto da Silva, o fundador da escola de inglês Wise Up, não abrisse a primeira unidade da franquia em

1995 pensando que não teria a menor chance contra escolas renomadas, como a CCAA e a Cultura Inglesa, que já estavam no mercado havia um bom tempo. Hoje, mais de duas décadas depois, a Wise Up é uma das maiores escolas de idiomas do Brasil.

Não tenha medo de arriscar, tudo na vida se renova. Uma música, um tipo de roupa, um automóvel que é top de linha hoje, com certeza, estará obsoleto amanhã. E seu negócio pode ser essa renovação.

A inovação de seu negócio sempre estará ligada à sua sobrevivência no futuro. Enquanto você está confortável no topo, muitos estão avançando em sua direção, então, não se acomode. Renove-se, pois sempre existirá alguém melhor que você e com fome de sucesso.

Além disso, a inovação também tem relação com seu ponto. Não há sentido em montar seu negócio ao lado de um ou de vários do mesmo ramo ou em um lugar cuja população não tem interesse em seu produto. Como diz o ditado, é vender geladeira para esquimó. Seja estratégico: sua localização deve maximizar seu negócio.

Se quiser se sobressair, você deve ser o melhor. Com seriedade, competência, perseverança e foco, logo você chega lá. Vá com fé!

Nesse início, não há espaço para insegurança e desânimo, é preciso ter visão de túnel e avançar sem medo.

5

A FÉ INABALÁVEL E A VISÃO DE TÚNEL

Acredito que grande parte dos negócios não prospera por falta de fé — primeiramente, fé em Deus; depois, em seu projeto. Você deve ser o primeiro a acreditar em seu produto e a ter confiança de que realmente dará certo. É muito comum que esses sentimentos positivos mudem por completo repentinamente: em um momento, tem-se certeza do sucesso do serviço; em outro, desiste-se dele em segundos. Lute contra isso. Nesse início, não há espaço para insegurança e desânimo, é preciso ter visão de túnel e avançar sem medo.

Se você sabe que se trata de uma promessa de Deus para sua vida, sua fé deve ser inabalável — apesar das circunstâncias, talvez você esteja mais perto da vitória do que imagina. Basta crer e perseverar. Sim, os problemas (como as contas, a baixa clientela etc.) podem levar ao desespero; nesses momentos, procure focar em Deus e em seus objetivos e afaste-se das distrações. Nunca escutei histórias de pessoas e empresas bem-sucedidas que não tenham lutado e fracassado antes de alcançar o sucesso; inclusive, grande parte delas sofreu, antes da virada, um momento crítico, uma verdadeira ruptura, que fez tudo mudar de uma hora para a outra. No meu caso, não foi diferente.

Há alguns anos, em conversa com um grande amigo de infância e empresário nacional bem-sucedido no ramo de construções, fiquei sabendo da teoria sobre a presença de Deus nos negócios na Terra e o cumprimento dos planos Dele em nossas vidas. Segundo essa teoria, Deus nos acompanha a todo tempo, inclusive em nossos projetos. Quando damos o primeiro passo para colocá-los em prática, Ele fica extremamente feliz e para tudo, a fim de nos dar atenção exclusiva, torcendo para que não percamos a fé durante essa busca.

Meu amigo dizia que, toda vez que desanimamos, Deus se entristece. Quando um outro filho Seu desperta Sua atenção ao perseguir um projeto de vida, Ele também fica atento. Mas, assim que voltamos a recuperar a fé, os olhos de Deus se voltam alegremente para nós mais uma vez, dispostos a nos acompanhar e nos auxiliar em nossa missão. Nunca me esqueci disso. Desde então, sempre que estou criando um projeto ou trabalhando em minha empresa, penso que estou sendo observado por Deus e auxiliado por Seus anjos, e tenho a certeza de Sua presença em cada passo que dou. Talvez você ache isso uma besteira, mas é minha crença. Então, através de sua própria crença, busque um significado, uma referência, mas nunca acredite que tudo é obra do acaso, pois certamente não é. Não estamos aqui a passeio: temos um propósito nesta vida e estamos aqui para cumpri-lo, fazendo deste um mundo melhor.

Costumo usar minha história de empresário como exemplo: após a abertura de minha primeira escola, passei aproximadamente três meses aguardando visitas à unidade para matrículas, e quase ninguém aparecia, nem mesmo para pedir informação. Quando bateu um grande desânimo e decidi ficar na cama, e não aparecer na escola pela manhã, tudo mudou.

Na cama, escutei a voz de Deus dentro de mim: "Levante-se e vá para sua escola." Obedeci na mesma hora. Levantei-me, tomei meu banho e parti. E foi nesse mesmo dia que fiz a matrícula de uma aluna que mudou minha vida e o futuro de meu negócio. Vinda de outra escola, ela, bem simples, me contou que estava desanimada e tinha perdido as esperanças de aprender inglês. Expliquei-lhe nosso método e ela gostou tanto que se matriculou. Muito determinada, ela conseguiu aprender realmente conosco e recomendou a escola para muitas pessoas, que falaram para outras pessoas e assim por diante. A partir desse momento, as matrículas não cessaram.

Isso me fez pensar: e se eu não tivesse obedecido à voz divina e não tivesse ido à escola? E se eu não tivesse vencido meu desânimo? Será que o fim de minha história seria esse? Provavelmente não, pois acredito que, naquele dia, Deus testou minha fé e, ao obedecê-Lo, Ele me presenteou com prosperidade.

Reflita sobre esse breve testemunho e nunca desista de seu sonho. No momento mais difícil, ore, converse com Deus, escute Sua voz e avance. Se aconteceu comigo, também pode acontecer com você. No fim, veja com seus próprios olhos o que Ele fará em sua vida para honra e glória apenas Dele.

Você deve afastar de seu convívio pessoas que o atrapalharão de chegar a seu objetivo.

6

AFASTE-SE DE PENSAMENTOS NEGATIVOS E DE PESSOAS TÓXICAS

Este tema é bastante sensível, pois envolve situações das quais poucos têm conhecimento, mas é importante que você as leve a sério e esteja muito atento. Quando iniciar seu próprio negócio, não importam as circunstâncias nas quais você se encontre, jamais deixe a negatividade tomar conta de você. Não é nada fácil monitorar os próprios pensamentos 24 horas por dia, mas, com a repetição, isso se torna praticamente automático.

Nos momentos difíceis, pensamentos negativos rondam a cabeça de qualquer pessoa, mas cabe a cada um revertê-los em lembranças e momentos bons, que proporcionem felicidade e bem-estar. Pratique esse exercício até que vire um hábito, para manter um alto nível de energia. Estou certo de que grandes empreendedores que marcaram a história, como Walt Disney, Bill Gates, Steve Jobs, entre outros, em algum ponto da carreira, também tiveram dúvidas e pensaram que não conseguiriam. A diferença entre eles e os que fracassaram é que estes se deixaram abater pela negatividade.

Da mesma forma, você deve afastar de seu convívio pessoas que o atrapalharão de chegar a seu objetivo. Infelizmente, há companhias que nada acrescentam, pelo contrário, nos atrapalham e nos desmotivam. Esteja atento: até mesmo amigos e parentes podem desvirtuá-lo de seu objetivo. Quando vierem com algum papo negativo pondo dificuldades em tudo, não lhes dê ouvidos, pois é assim mesmo que enxergam o mundo, e não adianta perder tempo contando seus projetos para eles. Cuidado para não se contaminar.

Há outro tipo de pessoa tóxica que você também deve manter distância: a que, por inveja ou maldade, tenta te desmotivar quando você decide investir em seu crescimento. Elas fazem isso porque fracassaram, e, caso você alcance o que nunca conseguiram, acabará provando a incompetência delas, o que elas definitivamente não querem.

Tente observar, desde já, as pessoas que o cercam e sinta se elas ficam realmente felizes com suas conquistas ou lhes dão pouca importância. É uma situação triste, mas é assim mesmo que alguns são, então não sofra por isso, simplesmente se afaste.

Vamos dar vida às ideias
e aos projetos que estão
guardados em algum canto
e colocá-los em prática
imediatamente.

7

COLOQUE DEUS EM PRIMEIRO LUGAR EM SEU NEGÓCIO

Muitos devem estar se perguntando o que Deus ou religião têm a ver com isso. Respondo: praticamente tudo. Costumo dizer a meus amigos que o melhor sócio que se pode ter à frente de seus negócios é Deus, pois Ele guiará seus passos e suas decisões para o melhor caminho possível.

Grande parte dos empresários bem-sucedidos que encontrei e outros sobre os quais li são pessoas de fé, mas muitos não o revelam por receio de serem mal interpretados. Eu não tenho medo de falar que sou cristão, pois respeito a crença de todos e encorajo você a usar a sua para cuidar de seus projetos, desde que sejam voltados para o bem.

Em meu caso, já no início do projeto, fiz uma oração entregando meu empreendimento a Deus, dizendo a Ele que aquela empresa que eu criava era Sua e para Sua obra. Disse-Lhe que eu desejava abençoar pessoas por meio daquele trabalho e clamei para que Ele me usasse e que fosse feita a vontade Dele. Eu queria prosperar, mas apenas com Deus ao meu lado.

Embase sua empresa em seus princípios. Se forem cristãos, veja com os próprios olhos como Deus agirá milagrosamente em seus negócios — sem dúvida, eles prosperarão. Entenda: não faça isso por interesse, mas por honestidade e sinceridade, pois Deus conhece nossos corações. Ele deve ser seu primeiro confidente: conte-Lhe seus sonhos, os desejos de seu coração, e Ele certamente lhe mostrará o melhor percurso.

Deus também atrairá as pessoas que farão parte de seu negócio e afastará as que não merecem compartilhar de seu sonho e sucesso. Diga a Ele a sua vontade, mas sempre deixe que a vontade Dele seja feita, pois Deus sabe de todas as coisas, inclusive de cada caminho que será trilhado em seu futuro.

Deus nos criou para sermos plenos, para utilizarmos os dons a nós concedidos antes mesmo do nascimento. Ele nos quer felizes, fazendo o que gostamos e fomos criados para fazer. Todos podemos inventar coisas maravilhosas — produtos, serviços, comidas, roupas etc. — com um toque único, o nosso. Então, vamos dar vida às ideias e aos projetos que estão guardados em algum canto e colocá-los em prática imediatamente. Só depende de você!

Vemos muitos profissionais abrindo negócios e criando coisas que acabam dando errado e fechando, certamente porque, muitas vezes, não pediram a orientação de Deus. É claro que devemos nos educar sobre o tipo de negócio que queremos abrir, sobre as pessoas com quem nos associamos, mas Deus também é capaz de nos dar a sabedoria que não encontramos em livro ou banco de faculdade. Apenas esteja no centro da vontade de Deus, e o restante Ele fará em seu favor. Confie e veja com seus próprios olhos os grandes milagres.

Comece a observar os
talentos que podem existir
dentro de sua casa.

8

SUA FAMÍLIA E SEU PRIMEIRO NEGÓCIO

Muitos dizem ser cilada trabalhar com família. No entanto, não creia em tudo que se diz por aí, pois as opiniões e as experiências de outras pessoas não serão necessariamente as suas. Eu mesmo já conheci familiares que trabalham bem juntos, com raros problemas e já ouvi falar de diversos outros casos bem-sucedidos. Posso citar dois grandes exemplos: os irmãos Disney e os irmãos Goettems. Na primeira família, Roy Disney cuidava do financeiro da empresa, e Walt Disney era o gênio da criação. Já os irmãos Goettems, os quais eu tive a oportunidade de conhecer quando trabalhava como professor de inglês, são fundadores da Technos, fabricante de relógios brasileira, na qual Renato Goettems é diretor comercial e Mario Goettems é presidente.

Por exemplo, minha empresa, a Global Amazon, é dirigida por mim, meus filhos e minha esposa, e tivemos poucos atritos ao longo dos anos. Acredito que grande parte desse sucesso se deve ao respeito mútuo, à clareza no papel de cada um nessa engrenagem e ao amor pelo negócio que criamos. Assim, é possível criar empresas de grande sucesso trabalhando em família.

A dica que dou é que você comece a observar os talentos que podem existir dentro de sua casa e que têm condições de trabalhar com você. No começo de todo negócio, dinheiro é um recurso limitado; nesse sentido, ter um familiar como sócio é uma boa estratégia, evitando, momentaneamente, gastos com funcionários. Não sugiro isso apenas pela economia, mas também pelos benefícios de ter pessoas que você ama a seu lado no dia a dia e fazendo o que gostam. Contudo, se o clima em sua família é mais instável, pode esquecer, pois o negócio nunca dará certo. Onde não há harmonia, não há prosperidade.

Os sentimentos negativos o levam ao fundo do poço e atraem mais negatividade.

9

COLOQUE NO PAPEL SEU PROJETO E RESPIRE-O 24 HORAS POR DIA

Tenho a plena convicção de que, para qualquer projeto dar certo, é necessário respirá-lo como o ar em tempo integral. Com isso, quero dizer pensar nele constantemente com toda a fome do mundo — como dizem os americanos —, com todos os detalhes, planejando o como e o onde e concebendo formas de fazer diferente e melhorar sempre seu produto ou serviço. Em outras palavras, sua empresa é como um bebê, e ela deve ser cuidada com toda atenção e todo carinho, principalmente nos primeiros anos de vida.

As pessoas têm vontade de ter o próprio negócio, usufruir do status e dos benefícios que essa carreira oferece, mas não querem pagar o preço e deixam tudo de lado nas primeiras dificuldades. Isso me faz lembrar um dito popular: "Vontade é coisa que dá e passa." De fato, é o que acontece com a maioria que tenta empreender: hoje querem ser empresários, amanhã querem ser funcionários públicos e, no fim, nada realizam.

Para que sua vontade se concretize, um passo é imprescindível. Na fase de concepção, é importante que, ao ter uma ideia de negócio ou projeto, você a anote imediatamente, pois pode esquecê-la quando menos esperar. Isso porque você dá vida ao que põe no papel. Assim, sua ideia sai do plano imaginário e ganha uma concretude que passa a ter muita força no plano espiritual. Mas não se resuma a um contador de ideias; do contrário, você será um profissional meramente teórico, que sabe de tudo, tem vários projetos, mas não materializa nada. Não é fácil tirar um projeto do papel, mas, tomada a decisão, você deve agir, e o restante se revelará, como um verdadeiro milagre. Basta um primeiro passo com energia, fé e determinação.

Homens de sucesso, que inclusive ajudaram a construir a América, costumavam escrever seus planos, e grande parte deles foi executada, como podemos observar atualmente. Certifique-se de colocar sua lista de metas bem à vista, talvez em sua cabeceira, de modo que tenha fácil acesso quando desejar consultá-la.

Para que tais metas tomem forma, avalie como dar vida ao que escreveu e, se tiver dúvidas, pesquise e estude sobre o assunto. Hoje, estamos repletos de informações e ferramentas que nos ajudam a ampliar nossos conhecimentos e a executar tarefas. Nessa pesquisa, você aprenderá todos os passos necessários para abrir seu negócio, desde a administração até a melhor cor para seu logo. Então, tire proveito dessa tecnologia que muitos não tinham no passado para atingir o sucesso.

Além de respirar seu negócio, acredito que as emoções que você sentirá durante o processo de criação ajudarão muito na execução deste como um todo. Pense sempre com alegria sobre o impacto do novo negócio na vida de seus clientes e, por conseguinte, na sua, proporcionando a você, sua família e seus amigos mais próximos um bem-estar inimaginável, sem contar os benefícios materiais que acompanharão seu sucesso.

Note que, da mesma forma que os sentimentos negativos o levam ao fundo do poço e atraem mais negatividade, os bons sentimentos trazem boas energias e pessoas do bem para perto. Você atrai para sua vida exatamente o que deseja ou o que não deseja. A decisão está em suas mãos.

É importante reconhecer
as pessoas que estiveram
ao seu lado nos momentos
mais difíceis.

10

NÃO ABRA A BOCA ATÉ QUE O PROJETO GANHE VIDA

Sim, fique calado. Fale pouco ou quase nada sobre seus projetos e sonhos, pois, infelizmente, poucos se sentem felizes com o sucesso alheio, sejam amigos, sejam parentes. O quanto antes você absorver essa informação, melhor. Não estou dizendo que você deve desconfiar de todos, mas simplesmente mantenha seus planos em sigilo até que eles se concretizem. O início é muito sensível, pois o negócio ainda é abstrato e é justamente nessa fase que projetos valiosos à humanidade são mortos por assassinos de sonhos. São pessoas que não conseguiram feito algum em suas vidas, e seu objetivo passou a ser aniquilar o maior número de projetos possíveis, mesmo que inconscientemente.

Quando você fala de seus novos projetos, além de dispersar a energia concentrada neles, passa a se sentir na obrigação de que deem certo. Essa pressão não pode existir, uma vez que você é o único responsável por seu negócio e não deve satisfação a ninguém. Então, evite atrair atenção para si. Um dia, ouvi a seguinte frase: "Deixe que seus resultados façam barulho por você."

Não há por que anunciar ao mundo seu novo negócio. Trabalhe em silêncio, e as pessoas começarão a perceber seu sucesso. Geralmente, quando aqueles que nunca acreditaram em você ou nunca o notaram começam a procurá-lo para pedir emprego, fazer negócios ou perguntar como chegou onde está, este é um grande sinal de que você já é bem-sucedido.

Nesse processo, aguarde as coisas darem certo para compartilhar seu sucesso, pois seu projeto não correrá mais risco de ser destruído ou atrapalhado. Mas é claro que é positivo dividir esse sonho com familiares próximos, como seu cônjuge, seus filhos e outros, visto que, em muitos casos, essas pessoas podem ajudá-lo a atingir seu objetivo. Cabe, no entanto, avaliar com cautela sua realidade.

Talvez algumas das pessoas citadas possam dar até mesmo o suporte financeiro e emocional de que você precisa para abrir seu negócio; verifique se esse é seu caso. No fim das contas, é importante reconhecer as pessoas que estiveram ao seu lado nos momentos mais difíceis dessa conquista, para que não sejam esquecidas, pois não há nada mais triste do que a ingratidão. Ninguém chega lá sozinho!

Você tem sua própria identidade, e cada produto que você cria ou serviço que você presta tem sua digital.

11

SIMPLESMENTE "JUMP"

Jump é uma palavra em inglês que, para mim, tem uma força incrível. Em português, ela significa "pule" e tem tudo a ver com uma mudança de postura, mentalidade e atitude, tanto pessoal como profissionalmente, para quem deseja verdadeiramente ter sucesso. Eis o impacto dessa palavra em minha vida em todos os aspectos e o que ela pode fazer na sua. Em um dia de inverno, eu me sentia triste e insatisfeito com o ritmo profissional que estava levando. Logo após meu regresso aos Estados Unidos, recebi carona de um colega de trabalho e, ao entrar em seu carro, percebi que ele assistia a um vídeo intitulado "Jump", que acabara de receber de um amigo.

No caminho para o trabalho, escutei atento o vídeo que meu amigo parecia não dar muita atenção, mas que me impactou profundamente. A partir daquele dia, minha vida não foi mais a mesma — na verdade, ali foi o início de toda a minha transformação. Trata-se de um vídeo do apresentador de televisão Steve Harvey, em que ele, após a gravação de um programa, conversa com o público no auditório. O clipe viralizou nas redes sociais.

Nesse vídeo, ele dizia que nenhum ser humano foi criado por Deus sem que não lhe tivesse sido concedido um dom, e que só dependia de cada um de nós o utilizarmos para atingirmos a plenitude em nossas vidas. Bastava uma decisão: *to jump*, ou seja, pular, se jogar no que nos propusermos a fazer para atingir nosso verdadeiro propósito de vida.

Harvey ilustrou que, no "penhasco da vida", muitas pessoas estão pairando com seus paraquedas — que são seus dons —, vivendo as melhores coisas da vida e realizando sonhos. Enquanto isso, outras ficam apenas observando na beira do penhasco, sem ter coragem de pular, portanto, não usufruem de uma vida plena. Ele também disse que, depois que decidimos pular, certamente vamos nos machucar, bater em pedras, sangrar, ter as roupas rasgadas, mas, em algum momento, os paraquedas vão se abrir e começaremos a pairar e viver as coisas boas da vida.

Essa história é apenas uma ilustração de que todos possuímos dons maravilhosos dados por Deus, mas nem todos os descobriram ou não se arriscam a colocá-los em prática por medo, vergonha ou até mesmo preguiça de sair da zona de conforto. Lembre-se de que esse dom divino nos é dado de graça no dia em que nascemos, a fim de que possamos cumprir nossa missão aqui na Terra.

Você também tem seu dom, mas não ache que ele está ligado apenas à arte, à música, ao esporte. Pode ser algo que você faça como os outros, mas de forma que o diferencia dos demais, como cortar cabelo, cozinhar, ensinar um idioma ou vender produtos. Pense que somos seres únicos e que ninguém faz as coisas de maneira idêntica. Você tem sua própria identidade, e cada produto que você cria ou serviço que você presta tem sua digital. Não perca mais um minuto sequer: descubra seu dom e comece a colocá-lo em prática já. Cumpra a missão que Deus te designou na Terra — há muitos aguardando que Ele tome forma e lhes melhore a vida de alguma maneira.

Se você deseja se tornar
uma pessoa bem-sucedida,
comece a procurar um
mentor.

12

SEU PRINCIPAL MENTOR

Por muitos anos, imaginei como encontraria um mentor que pudesse me orientar no caminho do sucesso. Contudo, pelo ritmo de vida que eu levava, cheio de responsabilidades — fui pai muito jovem, aos 19 anos —, realmente não tive oportunidade de encontrar um por conta da correria pela sobrevivência. E como resolvi essa questão? Busquei mentores que nem sequer sabiam que eram meus mentores. Eles eram homens de sucesso, alguns amigos, outros clientes e alunos. Sim, eu os observava em todos os aspectos e tive muitos como referência, e assim eu ia aprendendo.

Em muitas conversas informais com eles, eu tentava pescar o segredo de tanto êxito e pistas do caminho por eles seguido. Lembro-me de um grande amigo, Alexandre Nogueira, hoje empresário no ramo de farmácias de manipulação: na época, sua sede pelo sucesso era imensa, sempre à procura de negócios e oportunidades; um belo dia, ele conseguiu arrebentar. Minha interpretação do que aconteceu foi que ele tanto desejou ser bem-sucedido que atraiu as pessoas certas, o momento perfeito e um bom negócio. A partir daí, o triunfo foi consequência.

Mas o que mais me chamou a atenção foi que Alexandre não perdeu a essência e permanece o mesmo cara amável, parceiro e caridoso, na eterna busca de ajudar o próximo a também vencer. Resumo: "Todo o bem que você faz às outras pessoas volta para você com uma força avassaladora."

É engraçado que muitos já me consideravam bem-sucedido como advogado e professor, mas, em minha concepção, eu ainda não atingira o sucesso. A verdade é que, independentemente do nível a que você chegar na vida, sempre existirá alguém acima que você admira e se espelha para crescer ainda mais. No mundo dessas pessoas de sucesso não há comodismo.

Avaliando mais tarde, eu me dei conta de que meu primeiro mentor, antes mesmo de eu entender o verdadeiro sentido dessa palavra, foi meu próprio pai, falecido aos meus 18 anos de idade. Desde muito cedo, meu pai incutiu o hábito da leitura em mim, um pouco à força, pois me mandava ler livros e depois me perguntava sobre o conteúdo de cada capítulo. Não restava alternativa a não ser ler.

O primeiro livro que ele me deu foi A lei do triunfo, do grande escritor norte-americano Napoleon Hill. Para mim, era o livro mais chato do mundo, pois não fazia sentido para uma criança de dez anos de idade. Mais tarde, eu soube que nele consta o maior tesouro do mundo depois da Bíblia Sagrada: entrevistas, realizadas há aproximadamente cem anos, com os homens mais ricos dos Estados Unidos, que auxiliaram a tornar o país a grande nação que é hoje.

Bem, meu pai morreu aos meus 18 anos, e, à época, eu não entendia o porquê de sua pressa em me passar a maior quantidade possível de conhecimento através de livros, cursos, esportes e, por fim, organizações para jovens, como a Ordem DeMolay. No fundo, talvez ele soubesse que não estaria ao meu lado por muito tempo e precisava cumprir sua missão como pai no menor prazo possível. Essa é a leitura que faço hoje da perda de meu pai tão cedo e tão repentinamente.

Ao longo da vida, fui colocando em prática os ensinamentos de meu pai mentor, em relação não só à condução de minha família, mas também aos negócios, aos estudos, às relações interpessoais. Fui notando, com o caminhar das coisas, que esses ensinamentos funcionavam mesmo, pois refletiam um sentido profundo de retidão, seriedade e caráter em tudo que eu me propunha a fazer.

É claro que também me inspirei em grandes homens que fizeram parte de minha vida e em outros sobre os quais li, que, indiretamente, ajudaram a construir o homem que sou hoje. Você pode ter tido a mesma benção que eu, de ser criado e instruído por um pai mentor, mas, se esse não foi seu caso, não se preocupe, pois existiram e existem diversos empresários que sequer tiveram pais presentes em suas vidas, e outros que tiveram mães como mentoras e chegaram ao sucesso da mesma forma.

Para além da família, muitos homens e mulheres bem-sucedidos tiveram outras pessoas como grandes mentores. Acredito que, em alguns casos, seja questão de afinidade. Imagine um grande homem de negócios que identifique em seu jovem estagiário uma enorme vontade de vencer. Com toda certeza, esse empresário terá muito prazer em instruir seu estagiário, se este tiver interesse, pois enxergará nele potencial para crescer em sua organização.

Se você deseja se tornar uma pessoa bem-sucedida, comece a procurar um mentor desde já, alguém que o oriente em como trilhar o sucesso por um caminho mais curto e simples. Afinal, os mentores servem para isso. Sem dúvida, o caminho da vitória não será fácil, mas é muito melhor seguir os passos de quem já deu certo.

Por fim, nos dias de hoje, com a internet, mesmo que você não tenha ninguém próximo que possa mentorá-lo, existe um sem-número de empresários que fazem vídeos e dão cursos e palestras gratuitas. Basta seguir seus conselhos e partir para o sucesso.

Quando você vencer, certifique-se de cumprir uma lição primordial: passar conhecimento para as pessoas que vêm atrás de você. Lembre-se: quem dá, recebe. Então, sempre auxilie o próximo a descobrir seu potencial e a conquistar o sucesso; seja seu mentor, mesmo que ele não lhe peça. Jamais retenha conhecimento, passe-o adiante. Essa é uma importante lei universal.

Sonhar é de graça,
então sonhe grande.

13

O NOME DE SUA EMPRESA

A nomeação é um dos passos mais importantes na abertura de um negócio, uma vez que começa a dar vida ao projeto e a criar sua identidade visual para o mundo. Recomendo que escolha um nome que tenha a ver com você, mas também com a empresa que você deseja criar, mesmo que tal relação faça sentido apenas para você.

Um exemplo é o da gigante Apple: o nome não condiz com o ramo de negócios a que pertence, mas, com certeza, fez sentido para Steve Jobs. A verdade é que hoje a marca Apple é sinônimo de tecnologia, mas estou certo de que, na época de sua criação, muitos torceram o nariz para o nome. Sendo assim, crie uma marca que venha de dentro de seu ser, sem se importar muito com a opinião dos outros. No fim das contas, siga seu *feeling*.

Em meu caso, por exemplo, Global Amazon foi o nome que Deus me indicou, e eu simplesmente obedeci, embora achasse que não tinha muito a ver com minha área de atuação, que é educação no ensino de idiomas. Hoje, quando vejo o crescimento da empresa, faz todo o sentido.

Lembro-me ainda hoje de quando abri minha primeira escola de inglês, a Open Future, com meu sócio Armando Millem. Um dia, nós nos sentamos para um brainstorming de nomes e, passadas algumas horas, chegamos a esse. Foi algo meio mágico: uma palavra saiu de minha boca, a outra saiu da de Armando, e nós dois imediatamente falamos juntos o nome completo de nossa nova empresa. Naquele momento, sentimos uma energia incrível e começamos a rir de alegria juntos, sem conseguir parar por um bom tempo. Tive a plena certeza de que havia nascido um nome poderoso e de muito sucesso.

Um ponto de muita atenção é a pesquisa de nome empresarial. Muitos escolhem o nome do negócio, organizam a abertura em estágios avançados e só então descobrem que já há uma empresa com o mesmo nome. Isso pode trazer muita dor de cabeça e até um futuro processo judicial, sem falar na frustração e no estresse de renomear. Portanto, dedique tempo a uma busca cuidadosa no site do Instituto Nacional da Propriedade Industrial (Inpi) e até mesmo no Google. Caso não encontre ocorrências, inicie o processo de registro, antes que terceiros façam isso.

Superado esse passo, não demorará para que o nome esteja em outdoors e em propagandas em veículos de comunicação, ganhando notoriedade e rompendo fronteiras. Você não está criando um negócio de bairro, e sim uma empresa, portanto deve acreditar que ela será grande e terá muitas filiais. Lembre-se: sonhar é de graça, então sonhe grande.

Anote o que digo: possivelmente, um dos maiores momentos de alegria de um empreendedor é quando sua empresa ganha vida e o nome dessa entra na boca do povo. Esse sentimento não tem preço.

Por que não crer que seu novo negócio, produto ou serviço também tem o potencial de se tornar uma grande empresa e impactar nossa sociedade de forma positiva?

14

SEU LOGO E SUA IDENTIDADE VISUAL

Creio que seu logo deve vir após a criação do nome, uma vez que dará a identidade visual de seu novo negócio. Pense em algo relacionado ao nome, à visão e à missão que você imagina para ele. A ideia é que as pessoas identifiquem imediatamente sua marca pelo logo, sem precisar sequer ler o nome.

Há exemplos clássicos, como o McDonald's: basta ver o famoso "M" nos letreiros para que lembremos da marca — e, talvez, para que bata a fome ou a vontade de um Big Mac. Outro grande exemplo é a maçã da Apple, que se refere prontamente à tecnologia de ponta e aos produtos criados pela marca, além de nos lembrar do fundador Steve Jobs. Percebe a importância do nome e da marca?

Então, caso essa seja sua crença, peça inspiração a Deus ou ao universo para que você alcance o melhor resultado possível nessa etapa. Acredito fielmente que Deus desempenha um grande papel no impacto positivo das empresas à humanidade, pois muitos de seus produtos e suas invenções vêm para melhorar nossas vidas de modo geral. Então, por que não crer que seu novo negócio, produto ou serviço também tem o potencial de se

tornar uma grande empresa e impactar nossa sociedade de forma positiva? Isso só depende de você, do esforço, do foco e da sua determinação em busca desse objetivo.

Outro ponto que não pode ser negligenciado são as cores do logo. Faça um estudo aprofundado sobre isso ou, se tiver condições, busque um especialista para tal. Fique muito atento a esse passo, pois as cores são carregadas de sensações e simbolismos e influenciam bastante no interesse, na receptividade e nas reações dos clientes à sua marca.

Existem diversos estudos que analisam como o cérebro humano identifica e transforma as cores em sensações. Um bom exemplo são as principais redes de fast-food, que costumam utilizar as cores vermelho e amarelo no logo, com o objetivo de despertar fome nas pessoas e sinalizar que o produto deve ser consumido rapidamente.

Você pode estar pensando que não tem recursos financeiros para estudos de cores, mas não há por que se desesperar. Estamos em uma nova era, em que a internet está repleta de informações. Uma breve pesquisa é suficiente para construir sua marca de forma adequada, conectando-a com sua real finalidade.

Você pode fazer a diferença
na vida das pessoas.

15

SUA MISSÃO E A MISSÃO DE SUA EMPRESA

Qual é sua missão de vida? Qual é a missão de sua empresa? Talvez você ainda não tenha essas respostas, mas garanto que ambas são cruciais para seu sucesso, tanto pessoal quanto profissionalmente. Assim como não se vive sem propósito, não se concebe uma empresa sem um. Nesse sentido, convido-o a uma breve reflexão.

É preciso acreditar que sua existência na Terra e seu negócio têm um propósito, e que terão um impacto positivo na vida de outras pessoas. Você não está aqui por acaso: você tem uma missão, sua empresa tem uma missão, e elas devem ser cumpridas a qualquer custo. Enquanto não tiver isso em mente, você não avançará em nenhuma área de sua vida.

Isso não é exclusividade dos empresários. Quem não deseja se tornar empreendedor também deve ter um propósito de vida, senão nossa existência não faz o menor sentido. Imagine um médico em um hospital; ele deve ter claro que sua missão é salvar vidas, curar enfermos e conscientizar pessoas para viver uma vida saudável.

Você certamente nasceu com uma missão de vida, mas talvez ainda não a tenha descoberto. Pois a hora de buscá-la é agora. Pense em um excelente cozinheiro que deseja abrir o próprio restaurante; sua missão é cozinhar, criar pratos saborosos à sua maneira, com temperos e sabores únicos, e, ao mesmo tempo, trazer alegria para a vida das pessoas. Eis a missão dessa pessoa: fazer o que sabe de melhor e proporcionar felicidade e prazer na degustação de um prato. Você deve estar se perguntando o que isso tem a ver com seu projeto. Resumidamente, seu dom e sua missão de vida podem ser transformados em um negócio próspero e prazeroso. Essa lógica se aplica a qualquer atividade profissional.

Você pode fazer a diferença na vida das pessoas, e melhor ainda, ser alguém realizado, e não que sofre para trabalhar com algo de que não gosta até o fim da vida.

Portanto, identifique sua missão de vida e aplique-a em seus negócios. O prazer é inexplicável: o sentimento de que você está fazendo algo mais do que ganhar sua sobrevivência — melhorar a vida das pessoas. Todos nós, sem exceção, temos essa missão. Vamos lá, guerreiro! Missão dada é missão cumprida.

Não se abata caso essas pessoas não comprem o seu produto de imediato.

16

SUA EMPRESA VIRTUAL E A IMPORTÂNCIA DAS MÍDIAS SOCIAIS

Popularmente, acredita-se que, para abrir uma empresa, é preciso ter rios de dinheiro e uma estrutura física. A grande verdade é que se tornar empresário está muito mais ligado ao *mindset* de determinação e foco do que propriamente ao capital necessário para a abertura de uma empresa. Isto é, a maioria dos empreendedores bem-sucedidos hoje abre o próprio negócio sem um único centavo, e eu mesmo fui um desses "loucos" que acredita ser viável começar do zero sem investir quase nada no início.

Com o advento da internet, é possível abrir seu negócio virtualmente antes mesmo do registro formal. Após todos os passos informados nos capítulos anteriores e a definição exata de seu produto ou serviço, comece a divulgá-lo através de posts nas mídias sociais. Inicialmente, ofereça-o a seus amigos e parentes — na maioria dos casos, eles serão seus primeiros clientes —, mas não se abata caso essas pessoas não comprem o seu produto de imediato. A verdade é que muitos "amigos" que costumam encorajá-lo a abrir seu negócio nunca serão seus clientes, então não se surpreenda, continue avançando em seu propósito. Apesar das dificuldades iniciais, no momento adequado, tudo dará certo. Basta ter foco, determinação e resiliência.

Na falta de um endereço físico, utilize, provisoriamente, seu endereço residencial. Procure personalizar seu produto ou serviço o máximo possível, dando-lhe uma cara mais séria. A ideia por trás disso é evitar transparecer que seu negócio foi recém-aberto, ou seja, mostrar que sua empresa é consolidada para quem vê de fora. Assim, nesse início, dedique parte de seu lucro à marca. Por exemplo, se você vende um doce ou uma quentinha, invista em uma apresentação profissional, com sacola customizada ou embalagem com adesivo da marca, para que você atraia a atenção do cliente. Enquanto sua empresa não existe formalmente, sua melhor estratégia é trabalhar no crescimento desta destacando-se dos concorrentes.

É ideal que você também crie uma página bem elaborada no Facebook e no Instagram e poste seus serviços ou produtos diariamente. Trabalhe bastante seu marketing digital, postando fotos com clientes e empresários parceiros nas mais diversas ocasiões. Isso o ajudará muito a construir sua credibilidade perante os novos clientes, aumentando sua autoridade na área de atuação.

Além disso, não se esqueça de criar promoções para atrair novos compradores. O recomendado é sempre oferecer, se possível, uma cortesia ou uma degustação, a fim de que as pessoas conheçam melhor você e seu produto. Você deixará de ganhar um pouco nesse momento para ganhar muito mais depois.

Tão logo você comece a deslanchar com seu negócio, passe a investir em uma estrutura física, mesmo que pequena, pois isso lhe dará mais visibilidade e credibilidade. É fato que muitos preferem viver clandestinamente, com o intuito de escapar de impostos e despesas como aluguel, energia etc., mas, se você não der esse passo importante, nunca crescerá de fato, e a possibilidade de seu negócio desaparecer na primeira turbulência será gigantesca. Então, cresça e apareça!

Quando deixamos uma má impressão, é ela que fica.

17

APARÊNCIA + POSTURA = CREDIBILIDADE

Costumo dizer que a aparência e a postura são as responsáveis pela credibilidade, pelo menos no que se refere à primeira impressão causada, por exemplo, em uma reunião de negócios. Você deve se lembrar daquele velho ditado: "A primeira impressão é a que fica." Ou da célebre frase de Tom Peters: "Você nunca terá uma segunda chance de causar uma primeira boa impressão."

Ao longo de minha carreira como empresário, tenho notado o quanto essas virtudes são importantes no mundo corporativo. Profissionais renomados costumam andar muito bem apresentados, conquistando a admiração de colegas e colocando-se como referência em sua área. Mas é claro que existem exceções. Já conheci pessoas bem-sucedidas que se vestem de forma extremamente simples, mas têm uma postura impecável. Acredito que, se você deseja impactar alguém, deve estar com uma aparência bacana e uma excelente postura.

Postura, penso eu, aprendemos em casa, vem de berço. Entretanto, podemos adquiri-la pelo exemplo, observando o comportamento de outras pessoas e policiando-nos até que ela se torne um hábito em nossas vidas. Além disso, é preciso ter em mente que não podemos nos vestir e nos comportar em público como fazemos em casa, sob pena de causarmos uma péssima impressão nas pessoas, quer sejam clientes, quer sejam colaboradores ou parceiros de negócios.

Quando deixamos uma má impressão, é ela que fica, não importa o quanto sejamos competentes e honestos. Dificilmente surgirá uma oportunidade de revertê-la. Embora muitos não tenham condições financeiras para comprar boas roupas, é obrigação estar bem asseado. Mais ainda, devemos nos apresentar como desejamos ser no futuro. É um ato de autoconfiança: posicionar-se como alguém bem-sucedido, mesmo que ainda não o seja. Então, comece a pensar que você chegou lá e que já é uma pessoa admirada por todos.

Em meu caso, aprendi essas lições com meu pai, que sempre me falou da importância de me apresentar bem em todos os eventos públicos de que eu participasse. Todavia, nunca é tarde para que mudemos alguns comportamentos para melhor — basta ter esse desejo.

É uma pena que essa importante regra dos negócios seja constantemente ignorada. Muitos pensam: "Eu nasci assim, eu cresci assim, vou sempre ser assim." Em outras palavras, nunca mudarão. Mas aqueles que desejam o sucesso devem ter humildade e sempre buscar a melhora.

Outro ponto relevante é a higiene pessoal, pois se trata de um complemento à forma como nos vestimos — estar perfumado, com o cabelo penteado, os dentes escovados etc. Não há nada mais desabonador que encontrar potenciais parceiros de negócio com algum tipo de odor desagradável.

Compreenda que, quando falo de boa aparência, não me refiro, de modo algum, a aparência física, raça ou gênero. Jamais devemos fechar os olhos para o racismo e as diversas formas de discriminação que existem em nossa sociedade. Competência, postura, autoestima e educação deveriam sempre superar e derrubar quaisquer barreiras e preconceitos surgidos ao longo do caminho.

O responsável por traçar
seu objetivo e avançar até
chegar nele é você mesmo.

18

NÃO IMPORTA QUEM VOCÊ É OU DE ONDE VEIO

Talvez este seja um dos capítulos mais relevantes desta obra. Isso porque, se você não o entender e não conseguir aplicá-lo em sua vida, o restante não fará sentido algum. Nenhuma outra lição terá qualquer efeito se você identificar nesta uma dificuldade sua que não pode ser resolvida, então preste bastante atenção.

Ninguém pode determinar seu destino, apenas Deus. Guarde isso para toda a sua vida! Não importam sua nacionalidade, seu grau de instrução, sua cor de pele, sua identidade de gênero, sua composição familiar, suas características corporais. Não há estudos que comprovem a existência de um padrão específico para se ter sucesso, muito pelo contrário, todas as pesquisas indicam que existem pessoas bem-sucedidas com as mais diversas características e origens em vários momentos da história da humanidade.

A verdade é que basta uma única decisão para que você alcance a prosperidade e o sucesso. Lembre que ela não está diretamente ligada ao dinheiro em si e pode se materializar de várias formas, pois o que é prosperidade aos olhos de um pode não significar nada para o outro. Você é quem determina aonde quer chegar. Pessoas têm sonhos diferentes, projetos distintos, então o responsável por traçar seu objetivo e avançar até chegar nele é você mesmo. Simples assim.

Tome estsa decisão desde já: busque seu dom e coloque-o em prática imediatamente — ele é a ferramenta principal para sua vitória. A humanidade precisa que você concretize seu projeto de vida, pois, se não você, ninguém mais poderá fazer isso.

Para ter sucesso, você não pode se sentir inferior, achando que os outros são melhores que você. Chegue sempre de cabeça erguida e com postura de vencedor, e as pessoas o respeitarão e o admirarão por isso. Não tenha dúvidas de que há idiotas que te tratarão bem apenas pelo que você tem ou pelos grupos e espaços em que circula, mas tudo que você precisa fazer é ignorá-los.

Independentemente de quem você é ou de onde veio, ninguém tem o direito de dizer aonde você pode chegar. Isso cabe apenas a você e Deus. Sendo assim, imponha-se, pois você é perfeito e mais que vencedor aos olhos do Pai.

Não precisamos ser peritos
em todos os assuntos para
gerenciar um negócio.

19

AS LIÇÕES DE MEU VELHO PAI

Sou filho de Santino Gonçalves de Alcantara, amazonense e pequeno empresário do ramo da indústria gráfica. Foi com ele que aprendi, ainda garoto, grandes lições de empreendedorismo nos anos 1970 e 1980, quando trabalhei com ele em minhas horas vagas após a escola.

Um de seus ensinamentos foi sobre como passar seriedade e credibilidade para os compradores, pois essas qualidades conquistam o respeito e a confiança da clientela — em termos práticos, o que você promete entregar, deve cumprir. Lembro-me ainda hoje do comprometimento de meu pai com os trabalhos contratados, especialmente em relação aos prazos.

Outro ponto que sempre observei foi a apresentação: fosse aonde fosse, ele se identificava como dono de gráfica e deixava um cartão de visita, não importava se falava com o porteiro de um prédio ou o presidente de uma empresa. Assim, seu negócio cresceu, e ele, com o tempo, se tornou referência no ramo de gráfica.

Era interessante como, mais cedo ou mais tarde, as pessoas com quem ele deixava os cartões se lembravam dele e de seus serviços quando precisavam de algum tipo de impresso. Levando em consideração que, naquela época, não havia internet nem mídias sociais, o que ele fazia era uma grande jogada de marketing, uma vez que permitia que essas pessoas o encontrassem depois, quando precisavam. Eu mesmo mantenho esse hábito até hoje, e costuma dar muito certo. Você deve ser a cara de seu negócio.

Outra lição importante que aprendi com meu pai é conhecer muito bem seu negócio, mas não necessariamente todo o processo. Apesar de ser dono de gráfica, ele não sabia mexer em nenhuma máquina de impressão, mas dominava todo o processo de fabricação de produtos gráficos como ninguém e sabia avaliar muito bem a qualidade deles. Isso me lembra bastante de meu ex-patrão, Flávio Augusto da Silva, dono da Wise Up, que não sabia falar inglês. Mas o que ele fez? Contratou os melhores professores do mercado para que trabalhassem para ele, eu incluso, em sua primeira escola, em 1995.

Muito tempo atrás, li que, em uma ocasião, Henry Ford havia sido questionado sobre o processo de fabricação de seu carro, o Ford T. Ele revelou não ser uma pessoa muito bem instruída na área, mas disse ter à disposição o melhor e mais capacitado profissional desta. Isso exemplifica claramente que não precisamos ser peritos em todos os assuntos para gerenciar um negócio de um determinado gênero, mas sim contratar as pessoas certas e ter um bom conhecimento do processo de desenvolvimento do seu produto ou serviço.

Assim como casamentos,
sociedades podem dar
certo ou não.

20

TER SÓCIOS OU NÃO? EIS A QUESTÃO!

Esta questão é bem relativa. Embora eu tenha tido alguns percalços com sócios ao longo da carreira, ainda acredito bastante em uma sociedade bem estruturada. Costumamos ouvir diversos casos de sociedades desastrosas, mas também conheço diversos casos bem-sucedidos.

Cito como exemplo a Gaia, Silva, Gaede & Associados, um dos maiores escritórios de advocacia tributária do Brasil. Dei-lhes aulas de inglês por muitos anos e acabei tendo como alunos os sócios-fundadores, que posteriormente se tornaram grandes amigos. Era interessante como eles divergiam tanto nas personalidades, mas tinham em comum competência, honestidade e comprometimento com o serviço que prestavam a seus clientes. O respeito mútuo entre os três e entre eles e seus colaboradores e parceiros é o segredo de tanto sucesso, e isso fez com que chegassem aonde chegaram em apenas trinta anos de existência. Na realidade, a Gaia — é assim como chamamos a empresa — era uma grande família e admirada por todos.

Assim como casamentos, sociedades podem dar certo ou não. Nesse sentido, acredito que a base para uma boa relação é o respeito mútuo, pois a falta deste e a quebra de confiança causam danos irreversíveis à parceria.

Embora alguns contraindiquem sociedade com familiares ou amigos, não faltam exemplos de parcerias que deram certo e continuam dando. Eu mesmo tenho minha esposa e meus filhos como sócios, e vivemos em perfeita harmonia nos negócios, pois eles me apoiam e confiam em minha gestão de nossas empresas.

Atualmente, tenho outros dois sócios em novos empreendimentos no Brasil, Armando Miller e Cesar Pereira, que também são amigos, e trabalhar com eles é um grande prazer. Mesmo em longos e intensos projetos, como é o caso de nossa plataforma de ensino, a sensação que temos é de divertimento durante o trabalho diário, e não há preço que pague por isso.

Então, continue acreditando em uma boa sociedade, na qual os sócios se completam, se respeitam e, melhor, são grandes amigos. A jornada é de muito trabalho, mas compensadora, pois juntos somos bem mais fortes.

Ninguém chega lá sozinho.

21

CONSTRUA SEU *MASTERMIND*

Você sabe o que é *mastermind*? A ideia de dedicar um capítulo ao tema é para dar a entender melhor sua importância no mundo corporativo e incentivar você a adotá-lo o quanto antes em seu projeto.

A primeira vez que ouvi falar sobre *mastermind* foi no livro *A lei do triunfo*, de Napoleon Hill, que trata dos princípios em comum que os grandes homens da América aplicaram para chegar ao sucesso. Hill ensina que, quando duas ou mais pessoas se unem em prol de um único objetivo com determinação e foco, esse projeto tem reais possibilidades de ser bem-sucedido.

Pense o seguinte: se esses grandes homens ajudaram, há mais de cem anos, a construir os Estados Unidos e a transformá-lo na potência que vemos hoje, eis uma prova de que o método realmente funciona. Lembre-se de Henry Ford, que revelou não dominar toda a tecnologia empregada em seus veículos, mas contava com vários colaboradores que dominavam cada área de sua linha de montagem.

Quando abrimos um negócio, é comum que não tenhamos o domínio necessário de todos os setores da empresa; por essa razão, devemos nos associar ou contratar profissionais que detêm certos tipos de conhecimento e que, de certa forma, nos completem nas áreas de defasagem, para assim atingirmos nossos objetivos.

Neste momento, você pode estar pensando que está no começo de seu negócio próprio, mas que não possui os recursos necessários para pagar profissionais qualificados para ajudá-lo. Entretanto, não se esqueça de sua família e seus amigos, que também podem auxiliá-lo nesse início e, quem sabe, até tornarem-se seus sócios. Então, busque a ajuda das pessoas que estejam dispostas a abraçar sua missão, pessoas que acreditam em você e em seu potencial.

No entanto, para que as pessoas sonhem seu sonho e se aliem a você, afaste qualquer pensamento egoísta de que esse projeto é apenas seu. Ninguém chega lá sozinho. O negócio pode ter sido criado apenas por você, mas será executado em conjunto; por isso, você precisa compartilhar seu sucesso com aqueles que investiram tempo e energia com você na conquista desse sonho. Para engajar as pessoas verdadeiramente em seu projeto, incentive-as, mostre-lhes o futuro e os planos que você tem para elas. É assim que se forma um verdadeiro *mastermind* com sua equipe.

No livro *A lei do triunfo*, Hill diz que o primeiro *mastermind* de qualquer ser humano é formado com seu cônjuge; sim, com o esposo ou esposa. Basta perceber como casais unidos costumam prosperar, pois remam para o mesmo lado, enquanto lares com brigas e desavenças vão sempre ladeira abaixo.

O *mastermind* é um princípio indispensável na construção de uma empresa bem-sucedida e de seu sucesso pessoal e, em nenhuma hipótese, deve ser negligenciado. Se ele funcionou para tantos outros, funcionará para você também.

Seja qual for seu projeto ou
seu negócio, mova-se.

22

O MILAGRE DO PRIMEIRO NEGÓCIO

É hora de explicar o verdadeiro significado do título deste livro e o motivo pelo qual o escolhi. Primeiro, quando procurava um tema sobre o qual escrever, pensei em algo que pudesse impactar a vida das pessoas. Por que não escrever, então, sobre minha vida, sobre algo que funcionou para mim, aplicando experiências de empreendedores bem-sucedidos? Para iniciar essa jornada, que começou um ano atrás, eu me fiz as seguintes perguntas: "Como consegui iniciar um negócio com quase zero investimento? Como consegui atingir o sucesso?"

Diante disso, comecei a desenhar esse mapa mental, desde a concepção da primeira ideia até a efetiva consolidação de minha empresa. É claro que não inventei a roda e tirei, sim, proveito de situações vividas no passado, fossem elas negativas ou positivas. Também segui conselhos e orientações de amigos e conhecidos que são empresários prósperos e de outros sobre os quais li ao longo da vida.

Pensei em todas as lições aprendidas nos mínimos detalhes, desde quando eu trabalhava com meu pai. Então, passando adiante, refleti sobre as derrotas e as vitórias do passado, lembrei-me de meus antigos mestres, escritores, empresários, executivos, amigos, enfim, todos em quem eu me espelhava e que influenciaram minha formação.

Todavia, o ponto principal foi ter colocado Deus em primeiro lugar em minha vida e em meus projetos desde o início, entregando todo o sucesso dessas conquistas a Ele e a Jesus Cristo. A partir dessa decisão, tudo começou a ocorrer rapidamente, culminando no milagre do nascimento de minha primeira empresa. Chamo de milagre porque a sucessão de eventos foi verdadeiramente milagrosa, coisa que nenhum homem teria condições de fazer — as pessoas que encontrei e que me ajudaram, os negócios realizados, enfim, tudo alinhado como só Deus é capaz de fazer.

Um pequeno exemplo: no início do projeto, eu precisava escrever o material didático do curso de inglês, e meu computador havia quebrado. Tive que fazê-lo em um iPad, com grande sacrifício. Então, ao comprar uma mesa usada para a recepção de nossa primeira escola, a vendedora, de repente, me ofereceu de graça um computador novo que seu esposo não queria mais e que estava abandonado no canto de um escritório. Foi coincidência? De maneira alguma! Foi um verdadeiro milagre, pois apenas Deus e eu sabíamos de minha necessidade, de minha luta de ter que escrever um livro em um iPad.

Acredito que, para que Deus aja milagrosamente, é preciso que você faça sua parte primeiro. Em meu caso, quando decidi escrever o material didático do curso, mesmo com dificuldades, eu avancei sem olhar para trás. Em troca, Ele me ofereceu condições para que eu cumprisse meu propósito.

Portanto, seja qual for seu projeto ou seu negócio, mova-se antes de tudo e veja, com seus próprios olhos, os milagres que Deus é capaz de fazer para ajudá-lo a cumprir sua missão na Terra, com os dons que Ele mesmo lhe deu em seu nascimento. O que você está esperando?

O dinheiro não deve
ser seu objetivo.

23

DINHEIRO E SUCESSO SÃO CONSEQUÊNCIAS

Garanto-lhe que, se você sonha em se tornar empresário apenas visando sucesso e dinheiro, dificilmente chegará lá. Seu foco principal não deve estar nessas coisas, e sim em sua missão de vida, seja ela qual for. Pense em oferecer o melhor produto ou serviço a seu cliente e em ajudar pessoas, e todo o restante virá como consequência dessa atitude.

Fato é que todo esforço e dedicação empreendidos na busca do sucesso serão recompensados, mas é necessário que sua mente esteja no lugar certo. Muitos desejam vencer, mas poucos querem pagar o preço pelo sacrifício. O sucesso está muito mais voltado para um tipo de postura e um padrão de pensamento do que para o dinheiro.

Algumas pessoas costumam pensar o seguinte: "Vou abrir um negócio que dê lucro." Isso é um grande erro, pois, se você não gosta do que faz e só insiste pelo dinheiro, dificilmente você durará muito tempo e seu negócio não prosperará. É preciso ter paixão pelo que se faz para superar as adversidades do dia a dia. As pessoas sentem quando seu negócio é real e feito com amor; o sucesso será consequência.

Eu, por exemplo, sou empresário do ramo de educação e amo ensinar, independentemente do retorno. O que procuro a cada dia é prestar o melhor serviço, dar a melhor aula para meus alunos. Meu maior interesse é com o aprendizado de nossos alunos, a receita vem em segundo plano; lembro das datas de pagamento da mensalidade apenas porque precisamos pagar as nossas contas e manter as estruturas das escolas.

Faço questão de passar essa mesma missão para minha equipe, para que todos tenhamos o mesmo pensamento e estejamos sempre em harmonia.

Dessa forma, gostaria que você fizesse uma reflexão profunda sobre este capítulo, uma vez que dele depende grande parte de seu sucesso como empreendedor. Em outras palavras, sua energia deve estar no lugar certo, sob pena de você fracassar em seu projeto. Lembre-se: o dinheiro não deve ser seu objetivo.

Alguns pensam que ser
empresário é ser chefe, dar
ordens aos funcionários
e usar uma máscara de
poucos amigos.

24

COLABORADORES OU FUNCIONÁRIOS?

Tenho notado muitas ideias equivocadas sobre empreendedorismo. Alguns pensam que ser empresário é ser chefe, dar ordens aos funcionários e usar uma máscara de poucos amigos, causando medo nas pessoas em vez de conquistar seu respeito. Essa é uma ideia muito ultrapassada no mundo corporativo, e, para que você mude essa perspectiva de relacionamento com seu time, o primeiro passo é substituir "chefe" por "líder".

Um líder é admirado, é uma fonte de inspiração, e não alguém a ser odiado ou temido. Ele deve liderar pelo exemplo, mostrando ao seu time humildade para fazer o que pede que as pessoas façam. Além disso, deve estar do lado da equipe, motivando-a e entendendo a limitação e a aptidão de cada um.

Caso você já seja empresário, entenda que não tem empregados, e sim colaboradores, pessoas como você que o auxiliam em sua missão, não apenas em um número. Você deseja ter sucesso? Pois comece a tratar seus funcionários com o devido respeito e, como seus colaboradores, a reconhecê-los como tais. Compartilhe seus sonhos e projetos com eles e veja-os crescer junto com sua empresa. Em seu papel como líder, certifique-se de dar o devido reconhecimento à dedicação do time. Além disso, trace um plano de carreira atingível e passe a premiá-los por seus desempenhos. Perceba que, sem esses "colaboradores", você não chegará a lugar algum, pois sozinho ninguém vence.

Toda vez que fizer uma promessa, cumpra com sua palavra, para não perder a confiança do time. Nunca se esqueça das pessoas que colaboraram para seu sucesso, pois elas o ajudarão a chegar ainda mais longe. Quando lançar metas, esteja na proa da embarcação, à frente de seus liderados, e mostre que você está ali para lhes dar suporte caso precisem e ajudá-los caso falhem — jamais para condená-los. Li sobre a vida de inúmeros homens e mulheres de sucesso e tive até a honra de conviver com alguns deles, e todos compartilham dessa mesma característica de liderança.

O gosto do sucesso ao lado de seus colaboradores é mais que especial, pois não só você, como todos se sentem responsáveis pelo êxito alcançado em um projeto. Não há nada melhor que pessoas celebrando a vitória a seu lado, como uma verdadeira equipe. Você não estará sozinho em um momento tão glorioso e certamente será reconhecido como o verdadeiro capitão desse time vencedor. E é assim que deve ser, pois juntos somos mais fortes.

Momentos de crise
também trazem muitas
oportunidades.

25

INVISTA CADA VEZ MAIS EM VOCÊ E EM SUA EMPRESA

Nosso primeiro impulso quando começamos a ganhar dinheiro é gastar conosco: comprar coisas caras, adquirir um carro novo, comer em restaurantes luxuosos etc. Esse é o maior erro que um empreendedor em início de carreira pode cometer, e sei disso porque já agi dessa forma.

Entenda, é legítimo querer melhorar de vida, pois você lutou por essa conquista, mas vá com calma. Primeiramente, avalie suas prioridades e suas reais necessidades naquele momento. Precisamos ser realistas: primeiro, porque todos os negócios têm altos e baixos; segundo, porque é preciso se preparar para momentos de crise com uma reserva de emergência — imagine quantos negócios ela salvou durante a pandemia do novo coronavírus. Uma estratégia é separar um valor de seu faturamento para ser reinvestido na empresa. Assim, você garante não só a sobrevivência desta, mas também seu crescimento.

É importante que sua empresa continue em crescimento e você aproveite a boa maré para impulsioná-la. A verdade é que momentos de crise também trazem muitas oportunidades, então esteja preparado para crescer quando todos estão reduzindo suas operações ou mesmo falindo.

Na própria história, há diversos exemplos de crises mundiais que originaram grandes empresas, que, até aquele momento, eram desconhecidas.

Durante seu crescimento, invista em sua empresa, em maquinários novos e modernos, em tecnologia, em marketing. Tão importante quanto isso é estar ligado em novas tendências e no que seus concorrentes estão fazendo, para acompanhar o mercado. Agora, mais do que nunca, tudo tem mudado em tempo recorde; cada vez mais, as novas tecnologias têm tornado obsoletos negócios originalmente prósperos. É só olhar um pouco a história de grandes empresas que da noite para o dia simplesmente sumiram do mapa, exemplos não faltam. Cito duas gigantes: Blackberry e Kodak.

Não muito tempo atrás, o Blackberry era o sonho de consumo de 99 por cento do mundo corporativo. De repente, com o surgimento do iPhone, a marca simplesmente desapareceu. Já a Kodak, com o advento das câmeras digitais, caiu no esquecimento, mesmo com cem anos de história. Quem poderia prever isso? Então, se esse foi o destino dessas gigantes, o que você acha que pode acontecer com um pequeno empresário alheio às mudanças do mercado?

Outra dica importante é que você separe sempre um valor de seu faturamento, para que ele seja investido de volta na sua empresa. Crie esse hábito, pois isso garantirá não só a sobrevivência de seu negócio, mas também o seu crescimento. Lembre-se: não gaste tudo que ganha, pois a fonte pode secar e você não terá recursos para se segurar na época de crise.

Por fim, você deve investir em si mesmo. Sim, pois você também é um capital humano de sua empresa. Aproveite a oportunidade para aprofundar o conhecimento de sua área de atuação, iniciar uma educação formal nela, entre outras aplicações. Isso não é imprescindível para seu sucesso, mas certamente o ajudará a traçar melhores estratégias e a conhecer melhor seu produto ou serviço. Sendo assim, separe uma parte de seus ganhos para fazer cursos e especializações e participar de eventos na área para acompanhar as novas tendências de mercado. Adquirir conhecimento nunca é demais, especialmente quando ele pode ser aplicado em seu negócio e revertido em mais ganhos.

Imagine fazer com que
seus amigos atinjam o
mesmo sucesso que você.

26

AMIGOS E CONHECIDOS DEPOIS DO SUCESSO

No início de seus projetos, aprenda a ser seletivo em relação a suas verdadeiras amizades, para que não sofra quando atingir o sucesso. Observe quem realmente gosta de você e quer estar a seu lado, quem o ajudou nos momentos mais difíceis e quem se alegra com suas conquistas e te dá força em suas derrotas.

Em hipótese alguma leve para sua nova vida pessoas que o invejam, que o criticam e até mesmo que o bajulam, pois nem todos merecem estar contigo. Os verdadeiros amigos puxam sua orelha nos erros e vibram com os acertos. Já os falsos não só invejam seu êxito, como também tentam desencorajá-lo de novos empreendimentos. Tais pessoas sofrem com o sucesso alheio. Além disso, não se surpreenda caso, entre essas pessoas negativas, estiverem familiares. Independentemente de quem sejam, mantenha distância e jamais compartilhe seus planos e projetos. Evite a decepção, que muitas vezes fere mais a alma do que a carne.

Identifique os amigos leais e carregue-os junto com você. Note os talentos deles e sirva como um mentor para que eles também alcancem o sucesso, seja a seu lado, seja em seus próprios negócios.

Não dê nada de mão beijada; em vez disso, perceba aqueles que têm sangue nos olhos e vontade de vencer, mas nunca tiveram uma oportunidade, e invista neles. Talvez surja até uma nova oportunidade de negócios, caso você invista em uma sociedade com seu amigo em uma área que ele domine e você não. Conheço diversos empresários que agiram dessa forma e tiveram grandes resultados. Basta ser leal e transparente, e o êxito não demorará. De uma forma ou de outra, esteja certo de que essa ajuda voltará em dobro para você.

Imagine fazer com que seus amigos atinjam o mesmo sucesso que você, e, talvez, ter o seu melhor amigo como sócio. Quer algo melhor que isso? Fazer seu amigo se tornar bem-sucedido como você e ainda estar perto dele. Apenas fique atento para que os negócios não estraguem a sua amizade. Seja sempre leal e transparente, e tudo dará certo!

Jamais se torne uma
pessoa fria e egoísta.

27

TODOS QUEREM SER SEU SÓCIO OU TRABALHAR PARA VOCÊ

Quando o sucesso chega, a história sempre se repete: todos querem se tornar seu sócio ou trabalhar para você. Ah, mas qual é a relevância disso para os meus negócios? A ideia é deixá-lo preparado para esse momento, para você saber como deve agir.

Isso é um sinal de que você chegou lá, por mais que, em sua concepção, ainda não tenha chegado. Você começará a ser notado e a chamar a atenção de pessoas que, até bem pouco tempo atrás, nem se davam conta de sua existência. Elas oferecerão produtos ou parcerias, pedirão emprego etc. Nesse momento, você deve ser bastante seletivo e filtrar cada uma dessas propostas, para que não caia em problemas e atrapalhe sua caminhada de sucesso.

Primeiro, você deve identificar as intenções dessa pessoa: ela veio para somar ou para se aproveitar de sua experiência ou do que construiu? Em alguns casos, não passa de uma relação de troca: o interessado quer que você trabalhe ou venda algo para ele, isto é, a proposta é utilizar sua estrutura para alavancar o negócio dele. Diante disso, procure ter um olhar frio e analise caso a caso, detalhe a detalhe antes de decidir se vale a pena para você. Lembre que, a essa altura do campeonato, distrações não são bem-vindas, situações surgirão para tirar seu foco do caminho. E você não pode perder a concentração, pois foi o foco em sua atividade principal que lhe levou onde você está. No mais, o que surgir é lucro.

Você verá que muitos costumam ter ideias mirabolantes de negócios, mas jamais as realizaram e não tiveram resultado em nada que fizeram. Já outros querem apenas um emprego, mas não querem se esforçar para conquistá-lo, acreditam que você tem a obrigação de ajudá-los. Ajude quem de fato quer ser ajudado.

A mensagem é simples e clara: "Evite distrações!" Elas atrapalham e atrasam sua caminhada. É difícil dizer não para as pessoas, mas é algo com que você deve se acostumar, para não sofrer mais tarde. Jamais se torne uma pessoa fria e egoísta, mas não deixe que nada entre no caminho do que você lutou para construir e conquistar.

Comece desde já a pensar
em uma invenção que
beneficie seus negócios.

28

CRIATIVIDADE = IMAGINAÇÃO = INOVAÇÃO

Basta uma busca no dicionário para vermos que essas três palavras quase se confundem em sua definição. São faculdades de criar, inventar, conceber, chegando à inovação, que é o ato de melhorar o que já existe. E o que isso tem a ver com empreendedorismo? Tudo!

Grande parte dos homens de sucesso inventaram ou criaram objetos que hoje, de alguma forma, fazem parte de nosso cotidiano, e nem imaginamos viver sem em nossas vidas. Olhe ao seu redor, eles estão por toda parte. Não falo apenas de novas tecnologias, como celulares, computadores e internet, refiro-me também a um simples abridor de garrafa, por exemplo. Um dia, alguém foi responsável por essas invenções que beneficiaram toda a humanidade. Temos exemplos como Henry Ford, o pai da primeira linha de montagem de automóveis, que inspirou muitas outras empresas durante a Revolução Industrial. Também há Graham Bell, que inventou o telefone, e Thomas Edison, que inventou a lâmpada elétrica.

Esses são apenas alguns exemplos do que a mente humana é capaz de realizar através da criatividade. Nada nos separa desses grandes homens, eles simplesmente tiveram foco, determinação e desejo de criar algo, de deixar um legado, de impactar a humanidade. Não é disso que falamos ao longo do livro?

Comece desde já a pensar em uma invenção que beneficie seus negócios, faça seu produto ou serviço se diferenciar do restante e melhore a vida das pessoas. Não foque apenas em criar coisas novas, pois, às vezes, uma pequena mudança em um produto já existente é o bastante para diferenciá-lo dos outros e mudar todo o seu conceito. Isso também é inovação.

Pense nos carros que estão há mais de cem anos no mercado: você consegue perceber a inovação em tecnologia a cada novo modelo? Embora tenha sido inventado há mais de um século, ele é progressivamente melhorado, chegando a modelos elétricos e autônomos, como o Tesla. E não para por aí.

Talvez eu possa trazer um exemplo um pouco mais puxado para a sua realidade. Por que não mudar a embalagem clássica de um produto para diferenciá-lo do restante dos concorrentes? Cabe a você avaliar seu produto ou serviço em busca de inovações. Mãos à obra!

Vivemos um momento complicado com a pandemia, e as empresas que não se reinventarem, certamente deixarão de existir. Nesse novo cenário mundial, todo mundo é concorrente, e a inovação constante passa a ser uma nova realidade em uma velocidade jamais vista. Esteja preparado.

Você deve descansar,
mas não pode parar.

29

NUNCA SE ACOMODE

Este talvez seja um dos maiores problemas dos empreendedores atualmente: a acomodação, sobretudo após atingir um certo sucesso nos negócios. A pessoa começa a ganhar um pouco mais, quer comprar tudo o que vê pela frente, faz festa e, no fim das contas, acaba perdendo o foco.

Se você ainda não chegou lá, não pode parar para descansar, e se chegou, mesmo já tendo atingido o sucesso, não há lugar para relaxamento. Você deve descansar, mas não pode parar. Movimente sua empresa até que ela não precise mais de você para sobreviver. Um negócio pode ser lucrativo hoje e amanhã estar em queda, então não pare de investir em seu negócio — seja tempo, seja energia.

Acredito que todos pensam em criar um negócio próspero e duradouro, que rompa barreiras e que deixe um legado para seus descendentes. Então, você deve estar sempre atento a seu negócio e a seu concorrente e buscar melhorias. Toda empresa tem bons períodos, nos quais o faturamento é alto, e períodos de seca, com poucas vendas. Prepare-se para estes.

Basicamente, essa é a diferença entre empresas que passam de geração a geração e empresas que quebram com poucos anos de vida. É preciso ter foco e constância em suas ações e não se acomodar. Acredite em seu potencial de crescer mais, essa é a mentalidade de um verdadeiro empreendedor. Quem não compartilha dessa mentalidade talvez esteja na carreira errada. Lembre-se: há muitos atrás de você, e, se você parar, rapidamente será ultrapassado.

O empreendedor que não tem esse tipo de mentalidade talvez esteja na atividade errada, visto que a pessoa que deseja ter sucesso verdadeiro e duradouro não deve ser uma pessoa acomodada e satisfeita com o que já tem, ao contrário, ela terá sempre o desejo de crescer e cada vez mais atingir um novo patamar de sucesso, sempre se superando. Lembre-se de que tem um monte de gente atrás de você, e se você parar, rapidamente será ultrapassado.

Ao acordar,
sempre agradeça.

30

GRATIDÃO SEMPRE

Temos o péssimo hábito de pedir e esquecer de agradecer, principalmente a Deus, por todas conquistas, bençãos e milagres do dia a dia. Em segundo lugar, agradecer às pessoas que o ajudaram a chegar ao sucesso, independentemente de como tenha sido. É o que costumo dizer: o que é sucesso para um não o é para outro.

Ao acordar, sempre agradeça, pois o simples fato de abrir os olhos pela manhã já é uma dádiva de Deus. Ao se alimentar, sempre agradeça. Seja grato por ter um teto, por ter roupas para vestir, por ter uma família saudável. Esse sentimento é mágico, e muitos não têm ideia. Não sabem que a gratidão gera mais bençãos e mais milagres para a pessoa que espalha essa energia. No entanto, é preciso que esse sentimento seja verdadeiro e venha de dentro de seu ser, de seu coração, de sua alma, e não da boca para fora, como muitos costumam fazer.

Pense no seguinte: qual é o pai que gosta de dar algo ao filho e nem sequer receber um agradecimento pelo presente? Você teria o prazer de dar alguma coisa para seu filho se ele tivesse essa atitude com você? Acho difícil! Então, é assim que Deus se sente quando não agradecemos as coisas que Ele nos dá diariamente desde o momento em que acordamos pela manhã.

Há muitas pessoas amargas, que vivem reclamando constantemente de tudo. Se esse é o seu caso, pare para pensar: você acha que alguém gosta de estar ao lado de uma pessoa assim? Acha que atrairá algo de bom com essa energia tão negativa? Muito pelo contrário, essa energia e esses sentimentos atraem mais coisas ruins e mais daquilo de que você tanto reclama.

Sendo assim, pare imediatamente com essa atitude, e reveja tal postura. Não há sentido em seguir todos os passos deste livro se a gratidão é ignorada. Comece já a agradecer a Deus e ao universo e traga mais positividade para sua vida. Você consegue. Basta apenas uma decisão! Quando estiver do outro lado dessa transição, será uma questão de tempo até que você atraia o sucesso, pois todos querem estar ao lado de pessoas gratas.

Se você já é uma pessoa grata por natureza, continue assim, você está no caminho certo; é apenas uma questão de tempo até você atrair o sucesso, pois todos querem estar ao lado de pessoas gratas. Parabéns!

CONCLUSÃO

Tenho plena convicção de que a leitura deste livro, aliada à prática de seus passos, lançará você ao sucesso não apenas na vida pessoal, mas também em seus negócios. Caso você já seja uma pessoa bem-sucedida, certamente isso o ajudará a alavancar mais sua carreira de empreendedor. No entanto, nunca se esqueça de passar esse conhecimento adiante. Continue movimentando essa energia do bem.

O que eu trouxe nestas páginas não é ficção, mas lições aprendidas através da experiência e da leitura de escritores renomados, como Napoleon Hill, que descreve em sua obra, *A lei do triunfo*, a trilha de sucesso dos grandes homens que ajudaram a construir a América que conhecemos hoje. Eles são inspirações para um sem-número de empreendedores até os dias de hoje. Jamais replicaria aqui tais passos caso eu não os tivesse aplicado em minha vida pessoal e profissional e obtido excelentes resultados.

Não importa a sua origem e nem em qual situação você se encontra neste exato momento, você precisa tomar uma decisão, desejar ardentemente chegar aonde quer chegar, custe o que custar. O sucesso não é por acaso. Neste momento, seu destino está em suas mãos; você não pode mudar seu passado, mas pode reescrever seu futuro — não só o seu, como o de sua família e das pessoas que você ama e que torcem verdadeiramente por seu sucesso. Cabe apenas a você criar sua própria história de sucesso, a história que Deus imaginou para você e que apenas você pode fazer acontecer, mais ninguém. Deixe sua marca nesta Terra e um legado para seus filhos e netos. Acredito em você. Te vejo no topo!

CONVERSA COM O AUTOR

Se você chegou até aqui, é porque está realmente determinado a criar sua primeira empresa e a atingir o sucesso. Tenha a certeza de que você conseguirá chegar lá, caso não desista como 99 por cento das pessoas costumam fazer.

Se fosse fácil, todos se tornariam empresários e chegariam ao sucesso, mas não é assim que funciona, pois poucos suportam as dificuldades do caminho. Este livro não contém todas as respostas, mas apresenta grande parte dos requisitos para se tornar bem-sucedido na vida.

Estude mais, busque mais, pesquise mais. Nunca se acomode e continue avançando. Pense constantemente nas pessoas que o motivam, aquelas pessoas amadas que são o motivo de sua luta para vencer. Seu sucesso hoje está em suas mãos e só depende de você.

Futuramente, gostaria muito de ouvir falar de você, de suas experiências e suas vitórias durante a caminhada. Saiba que não está sozinho nessa batalha, e, caso não tenha um mentor, eu certamente terei um imenso prazer em ser o seu, ajudando e orientando em suas conquistas. Fique à vontade para me escrever através do e-mail paulo.a@globalamazonschool.com ou de minhas redes sociais: @pauloamazonas (Facebook, Instagram, LinkedIn, YouTube).

Nós nos vemos em breve no topo. Sucesso!